JN411099

내 사랑을

그대에게 드려요

내 사랑을 그대에게 드려요

초판 1쇄 인쇄 2017년 03월 06일
초판 1쇄 발행 2017년 03월 06일

지은이 GONI
펴낸이 손 형 국
펴낸곳 해피소드
출판등록 2013. 1. 16(제2013-000004호)
주소 153-786 서울시 금천구 가산디지털 1로 168, 우림라이온스밸리 B동 B113, 114호
홈페이지 www.book.co.kr
전화번호 (02)2026-5777
팩스 (02)2026-5747

ISBN 978-89-98773-18-2 03810

내 사랑을
그대에게 드려요

지은이 / GONI

민들레 홀씨

꽃말: 내 사랑을 그대에게 드려요.

프롤로그

조금이라도 오래 보고 싶어 모르는 척 했는데 눈치채셨나요.

나는 꿈 속에서도 야윈 당신의 모습이 안쓰러워,
눈물을 꾹 누르느라 힘들었는데 그것도 눈치채셨나요?

그간 하고 싶었던 말을 적은 편지들을 가져올 테니
기다리라 했는데,
그 잠깐을 못 참고 가버렸네요.

편지를 보내고 싶은데 당신이 떠난 그 곳엔 주소가 없어서,
아무 잘못 없는 돌들만 걷어차다,
당신이 떠난 방향으로 발걸음을 옮겼어요.

결국 당신에게 닿지 못한 채로 돌아와
또 언제 볼까 하는 마음에 펑펑 울었는데
그것도 보았나요

오는 길 길목마다 민들레 씨가 피었길래,
당신이 떠난 방향으로 불어주고 왔는데 그건 닿았나요?

내가 적은 편지들, 이번엔 받았지요?

목차

내 사랑을

그대에게 드려요

Start

이뤄지지 않을 사랑을 시작해볼까,
외롭지 않은 밤이 될 거야.
그 사람의 숨 한 올에도 의미를 담고,
오늘 유난히 예쁜 하늘을 주제로 말을 걸 거야.

사랑은 하늘에 떠있고, 나는 웃겠지.
사랑은 슬프고도, 기쁘니까.
내 눈은 이리저리 구르고, 내 입 꼬리는 자꾸만 올라가겠지.
나는 꼭두각시처럼, 이리저리 흔들리겠지.

있지, 누군가가 내게 네가 어떤 사람이냐
묻는다면 나는 이렇게 대답할거야.

너는 나에게 있어서 제목 같은 사람이라고.
모든 걸 제치고 언제나 맨 앞에 놓일 문장이라고.

응. 어떤 문장도 네 앞에 놓을 수는 없어.
나의 문법이 그래.

길을 걷다
물 웅덩이에 비춰진 하늘을 보려
고개를 들었다.
당신도 함께 이 광경을 봤으면 하는 마음으로
다시 고개를 떨구고 읊조린다.

사랑하는 그대여,
한 폭의 수채화처럼
아름다움을 펼쳐놓은 저 하늘에게
당신을 향한 나의 마음을 담아 보내니
잠깐이라도, 아주 잠깐이라도
고개를 들고 하늘을 본다면, 좋겠습니다.

황홀한 저 하늘을, 나의 하늘을,
당신도 함께하면 좋겠습니다.

예전엔 말이에요,
당신의 달이 되고 싶었어요.
어두운 밤 하늘에 예쁘게 떠 있는 달의 모습에
나도 당신의 달이 되고 싶었어요.

하지만 이제 나는 당신의 가로들이 될래요.
비가 오고, 눈이 오면 구름에 가려
보이지 않는 달이 아니라,
항상 당신의 어둠을 밝히는 가로등이 될래요.

내가 간혹 빛을 잃은 가로등이 되면,
내 곁을 떠나지 말고 새 등으로 바꿔줄래요?

그러면 나는 언제 그랬냐는 듯,
또 다시 당신의 곁을 밝게 비출게요.

네가 얼마나 깊은지 짐작도 할 수 없지만,
어떤 시인의 말처럼
너라면, 나 이대로 잠겨 죽어도 좋겠다
그리 생각했어.
너라는 바닷속에 가라앉아도 좋다 그리 생각했어.

혹, 내가 숨이 막혀 발버둥 치더라도
나는 너에게서 벗어날 수 없을 테지.
그렇게 숨이 멎고 차갑게 몸이 식어도
너라면,
그게 너라면 괜찮다.
그리 생각했어.

오늘 아침 내 방 창문을 두드리던
새들의 울음 소리가
그대의 창문도 노크를 했겠지요.
어제보다 조금은 차가운 공기가
그대의 두 뺨에도 스쳤겠지요.
늦은 오후에 내린 따뜻한 햇살이
내게도 다녀갔듯,
그대에게도 안부를 묻고 갔겠지요.
발 끝에서 뽀드득 밟힌 눈을 밟으며
그대도 겨울의 끝자락을 보내고 있겠지요.

이 정도면 우리 오늘도 함께였던 거로 해요.
간지러운 바람과 춤추는 빗물들이,
그 계절의 순간들이,
내일도 우리를 찾아올 테니,
우리 내일. 그리고 그 다음날도
함께인 거로 해요.

선홍빛 물감이 내 입술을 휘감고
내 입안에는
온 우주가 펼쳐졌다.

꽃 몽우리가 피어날 시기에
우리의 사랑은 시작되었고,
너는 나에게 그렇게 봄이 되었지.

내 사랑아,
그대는 부디 내 곁에 남아주세요.

처음 설렘이 24시간 내내 내 마음을 울렸다면
시간이 지나,
24시간 중에 4시간만 마음이 울려도
그 줄어든 짧은 시간조차
사랑이라 말해줄 수 있는
내 사람으로.

미안해요.
저는 다정한 위로를 잘 못하는 편이에요.

오늘 오전엔 당신이 손가락을 베었어요.
'조심 좀 하지!'라고
나도 모르게 큰 소리가 먼저 나왔는데,
마음이 쓰이는 거에요.
아픈 곳을 더 쓰리게 만든 건 아닐까, 하고요.

당신이 앞으로 다시는 아픈 일이 없길 바라지만,
모든 상황을 조심할 필요는 없어요.
저는 당신의 상처까지도 사랑하니까요.

어쩌면 조심 좀 하지! 라는 말은
추임새일지도 몰라요.

저는 당신이 조심하지 않아도 괜찮고,
상처받아도 괜찮아요.
저는 당신의 삶을 존중하고,
당신의 삶 속의 선들이 모여서
그림이 완성되는 것처럼,
당신의 곳곳, 남겨진 선을 모두 사랑할게요.

그저 나의 그림이 찢어지지 않게
보살필게요.

네가 내게 같이 공원을 가자고 하면,
나는 장마가 쏟아져도, 날씨가 좋다고 할거야.

네가 내게 놀자는 연락이 오면,
나는 그게 새벽이라도 옷을 고를 거야.

네가 사람들이 많은 맛집에 관심을 보이면,
하루쯤 나는 번화가를 좋아하는 사람이 될 수도 있어.

너는 거짓말하는 사람을 싫어하지만 어떡하지.
나는 네 앞에선 언제까지고
이런 거짓말을 늘어놓을 거 같아.

겨울이 오면 마음에 없는 말을 할게요.

따뜻하게 입고 나오시라고.
조금은 가볍게 입은 당신의 옷차림에
내 체온이 따뜻함을 선물해주길 바라니까요.

몇 걸음 내딛고 우리 한번씩 안을까요?
그러다 밤이 내리고 눈도 내리면 우리 골목길로 가요.
깜깜한 길 가운데 가로등 하나.
그 아래 입술을 맞댄 우리의 호흡 하나.
그러면 그 좁은 곳만 겨울이에요.

우리가 있는 곳만 눈 내리는 겨울이에요.
몸 좀 녹이고 가요.

물감이 합쳐져 다른 색을 만들 듯이
우리가 함께할 때에는
모두가 예쁘다 말할 수 있는
하나뿐인 색이 될 거야.

쓰기 아까울 정도로 소중하기까지 하겠지.

잔잔하게 흘러가던 나의 일상이
간혹 넘치는 순간이 있다.

예를 들어,

요즘 내가 즐겨 듣는 노래가
어느 매장의 스피커를 타고 흘러나온다던가.
잠이 오지 않는 밤
너에게 전화가 온다던가.
그리고
달콤한 샴페인을 입에 한 가득 머금고 있는 순간.

이런 순간에는 온 우주가 내게 떨어져도
나는 하늘을 나는 기분이랄까.

잠깐의 순간에 시간의 멈춤을 바라는 때가
종종 생기곤 한다.

여기 내가 사랑하는 순간을 두고 간다
.
당신의 우주에 내가 피어나길 바라며.

나의 언어와 당신의 언어가 처음 만났을 때의
그 순간을 기억해요.
나에겐 빨강이였던 단어가 당신에겐 파랑이였고,
나의 언어가 당신에게는 닿을 수 없었죠.

나는 그렇게 처음 말을 배우는 아이처럼
당신을 한 글자씩 배워나갔습니다.
함께 마신 차가 한 잔, 두 잔. 그렇게 열 잔이 되었고.

나는 다시 사랑을 말해요.
오랜 시간 기억 할 당신의 언어로
우리의 내일을 약속하고 싶어요.

"당신 주려고 샀어요"

"나 꽃 좋아하는 거 어떻게 알았어요?
내가 먼저 줬어야 하는 건데.. 한 발 늦었네요."

미안한 표정을 보이며 그는 내가 준 선물을 받아 든다.
꽃다발을 든 그의 얼굴에서는
초록색의 싱그러운 향이 풍기고,
그의 손에 들린 프리지아는 무채색이 되었다.

그에게 꽃다발을 건네던 순간의 내 수줍음보다도
몇 배는 더 진한 햇볕이
그의 두 뺨에 내려앉았다.

당신은 나를 보는 눈으로 꽃을 피워내니
괜찮아요.

나는 오늘 그에게 꽃을 주었고,
그는 나에게 따스한 햇빛을 선물했다.

바람에 흔들리는 나뭇잎들이 속삭여주는 사랑과
그 사이에 섞인 새들의 지저귐은요.

모두 당신을 위한 거에요.

매일 저 숲을 비추러 나오는 해처럼 변함없는
그런 사랑을 주고 싶어요.

당신은 아침에 눈을 뜨면 저를 안아주세요.
제가 당신을 느낄 수 있도록.

지금 나의 이 속삭이는 말이
꽃 향기를 가득 머금은 바람을 타고,
너에게로 가
네 콧등에 앉았으면 좋겠어.

그리고
너의 시선이 그 향기를 따라 움직이면
그 끝엔 내가 있겠지.
무엇을 먼저 보던
항상 그 끝은 나에게서 끝나길 바래.

어제는 엽서를 한 장 샀어.
너에게 멋진 글을 써주고 싶어서.
내가 쓸 수 있는 가장 예쁜 말을 써서
선물하고 싶어.

그러면 너도 알지 않을까?
네가 나에게 있어
얼마나 큰 의미를 가진 사람인지 말이야.

따뜻한 봄이에요.

예쁜 말은 담은 입과
감사함을 가진 마음과
아름다운 생각을 가진 그대는
나의 봄을 따뜻함으로 물들여가요.

하늘은 티 없이 맑고
꽃은 향기롭고
숲은 싱그러우며
그대는 아름답고
우리는 함께해요.

그대를 적어 내려가는 이 밤에
달 가루가 떨어지는지
이 밤이 참 달달하네요.

네 무릎 위로 내리쬐는 햇볕처럼
마음이 무르익기 좋은 날이다.

참 사랑하기 충분한
그런 계절이다.

겨울은 봄을 부르고 밤은 아침을 부릅니다.
시들어진 잎들은 새 싹을 부르고요.
불 꺼진 내 방은 달빛을 불러,
조명 삼아 글을 씁니다.

그 글에는 당신이 숨겨져 있어요.
당신이 글의 일부가 됩니다.

제 마음을 표현할 수 있는 말이
사랑한다는 한 마디뿐인 게 싫어요.
아니, 세상에 많은 아름다운 말들 중에
제가 이 말만 아는 걸 수도 있겠네요.

좋아해요.

사랑한다는 말보다 조금 더 간지럽다고 생각해요.
이 말을 하는 이 순간 나는 당신을 가장 아껴요.

당신도 나와 같다면,
우리 같이 새로운 계절을 맞이할까요?

저 하늘이 분홍 빛으로 물들고 있고,
내 마음은 너에게 조금씩 물들고 있어요.

물든다는 거 정말 예쁜 말이네요.

아무리 씻어내도 빠지지 않을
예쁜 색감으로
너는 내 마음에
곱게 물들어가요.

내 손에 들린 이 솜사탕이
입 속에서 사르르 녹아요.

내 마음속에 맴도는 설레임처럼
내 얼굴에 띄워지는 미소처럼
그렇게 행복이 뭉쳐져
분홍빛 실타래는 모양을 만들어내요.

한 입에 넣기엔 아쉬워
조금씩 떼어 몇번을 먹는 상상을 해요.

화창한 날씨가
어울리는 그대와 같이 먹고 싶은데
어떻게 생각해요?

사랑한다는 말을 쉽게 하지 않았다.

너와 내 사이에 있는 사랑의 무게를
가볍게 하고 싶지 않았고,
네가 사랑이 필요한 순간에 줄 수 있는
신중한 사람이 되고 싶었다.

그러나 매 순간,
너의 두 눈은 나를 무장해제시켰고,
너의 미소는 날 행복하게 했으며

너의 입술을 보고 있으면
나도 모르게 사랑한다는 말을
내 입에 바르고 너의 입에 맞추게 만들었다.

그냥 이렇게 너의 하루가 어땠을지
혼자 조용히 생각했는데
내 마음이 크게 울렸다.

너를 안고 있지 않아도,
손을 잡고 있지 않아도
입을 맞추지 않아도 좋다.

방 안에 갇혀 있던 나의 봄날은
어딘가에 꽃이 피기 시작했다라는
편지 한 통으로
설레기 시작한다.

습관처럼 내 입술에 혀를 가져다 대곤,
사랑한다는 말을 나에게 줄 거에요.

그러곤 사랑하는 사람에게 말해요.
“나는 이미 내 사랑을 다 먹어버렸는데,
나에게 네 사랑을 나눠줄래?”
그런 다음, 그에게 다가가 입술을 맞춰요.

사랑을 나누는 거에요.

함께 나눈 호흡들 사이엔 내가 핥은 사랑도 함께
섞일 거에요.

아, 만약에 내가 사랑한다는 말을
입에 머금은 채로 다가가면,
지금 보다 더 붉은 빛이 도는 사랑을 하겠네요.

본체만체가 아니라
아예 못 본건가 싶고
그런 생각이 내 머릿속을 맴돌고 있을 때 즈음
나는 너를 보았다.

잠깐이나마
우리의 눈 맞춤은 생각보다 달콤했다.

입 속에서 여기저기 굴리던 캐러멜이
점점 녹기 시작해요.

참지 못하고 새어 나온 말들이
입술 여기저기에 달콤함을 묻혀버렸어요.

언제 다시 튀어나올지 몰라
그대를 만나는 내내 입 속에 머금고, 입술에도 발랐어요.

오늘은 당신에게 그 캐러멜을 건네보려 해요.
서로의 입술에 묻은 달콤한 말이 포개져서
하나의 문장으로 들리길 바래요

사랑해요.

나, 당신이라는 큰 별을 담을 수 있는
큰 우주는 되지 못해요.

그런데
나, 당신이라는 별만을 위한
우주는 될 수 있어요.

큰 별만을 위한 작은 우주.
그대만을 위한 우주.
어때요?

-ing

우린 서로의 다리를 포개고,
부서질 듯 서로의 목을 세게 끌어 안았다.

처음부터 우린 하나인 것처럼,
오늘이 우리에게 마지막인 것처럼.

그렇게 우린 서로의 체취에 취해 낭만을 피웠다.

꽃밭에 누워있어요.

그대가 입으로 쓰다듬어줬던 지난 밤이 기억나요.
사랑한다는 말을 발 끝부터 입술까지
가득 발라줬었죠.

그때부터였나요,
내 꽃은 더 예쁘게 피어났던 거 같아요.

눈높이를 살짝 낮춰 나를 봐 주세요.

그럼 나는 뒤꿈치를 살짝 들고
그대의 입술에 사랑한다는 말을 바를 거에요.

그러면 그대의 입술에서는 아마 꽃이 피어나겠죠.
내가 좋아하는 장미 꽃이요.

장미를 피워내고 장미에서 가시가 없어지고,
향기가 피어나기 시작하면,
그대를 안고 싶어질 거에요.

그렇게 그대를 안고 다시 한번 사랑한다는 말을
입술에 휘감으려고 해요.

그대로 서로의 향기에 취해볼까요, 우리.

달빛이 야해요.

그저 예쁘기만 한 게 아니라
나를 붉게 만들어줘요.

어떻게 해야 달빛을 조명 삼아
당신을 만질 수 있을까요

조금이라도 가까이 끌어당겨
안고 싶은 마음이에요.

내 입술엔 당신의 향기가,
당신의 입술엔 나의 향기가.

이렇게 서로의 향기가 스며든 입술에선
꽃이 피고 바람이 불어
우리 사이에는 꽃 향기가 나요.

어딘가로 새어 나가는 향기가 아깝다는 핑계로
당신의 숨결을 한번 더 훔쳐요.

빨간 입술과 붉은 향기.

이 모든 게 우리의 손 끝이 처음 맞닿은
그 날부터 아름다워 보였다는 걸 아시나요?

End

거긴 어때요?
이곳처럼 춥나요?
여긴 호-하고 숨을 내뱉었더니 입김이 나요.

버스를 타고 출근 하는 길엔 숨을 쉴 때마다
하얗게 연기처럼 김이 나는데,
그게 바람을 타고 올라가 구름이 되는 상상을 해요.

그렇다면 하늘에 당신의 이름을 남길 거에요.
멀리 떨어진 당신도 볼 수 있을 만큼 크게요.

그러면 당신도 잊고 있었던
내 생각을 한번쯤 해줄테니까.

그렇게라도 안부를 전해볼까-하는 생각이요.
이거는 말도 안 되는 상상이니 신경 쓰지 말아요.

음악을 듣다가도, 책을 읽다가도 생각이나요.
당신은 꽤 많은 부분을 차지하고 있어요.

몸조심해요. 멀리 있어서 내가 못 챙겨주니까.
아프면 속상해. 알겠죠? 그럼, 이만

꽃을 품던 당신은
누구보다 향기로웠어요.

내딛는 걸음마다 그 길에는
당신의 향기가 진하게 배어들어
그 뒤를 따라가는 나는
당신에게 말도 걸지 못하고

이미 당신에게 취해버렸던 그때.
내 인생의 봄 기운이 가장 가득했던 그때.
나 오늘은 그때의 기억속에 잠겨
하루를 보내려합니다.

내 두 뺨에 당신을 적셔
붉은 꽃이 피어날 그때까지만
당신을 추억하겠습니다.

온 하늘에서 당신에 관한 추억들이
후두둑 후두둑 쏟아져 내려도
내 손바닥 하나론 막을 길이 없었다.

별을 보다
지나는 길목마다 차가 있는 곳에 살고 있으면서
고작 열 개의 별을 보고 "별이 많다"라며
너에게 전화를 할 뻔 했다.

정신을 차리고 다시 손을 주머니에 감춘다.

해님 옆의 구름은
어린 너의 웃음을 닮았고
달님 옆의 구름은
나의 눈물을 닮았다.

등재되지 않은 사전 속 단어들에
내 이름을 가득 적었다
무너져 내렸다.

차가운 날개는 말이 없었고
그렇게 사무치는 잔상 앞에
아무 말도 할 수 없었다.

처음이자 마지막으로 다정하게 안녕이라 했다.

숨소리 마저 달콤할 땐
그것이 안녕이란 말을 대신했고
우리의 마음이 뒷걸음 칠 땐
안녕이 영원이 될까 입을 다물었다.

그러나 그 안녕은 달콤함도 영원함도 없이
그저 생채기만을 남겼다.

내 사랑이 너에겐 원치 않던 선물이었나 봐.
나는 그저 오롯이 내 마음을 다 보여주는 것이
널 사랑하는 방법이라 생각했어.

너는 그걸 받아내는 것이 많이 벅찼나 보다.
각자가 생각하는 사랑의 모습이
이리도 다르다는 것을 왜 이제야 알았을까.

미안해 내가 너무 서툴렀지?
'내가 널 이만큼 좋아해. 알아줘' 가 아니라
네게 조금씩 꺼내서
오래도록 맘 보여줬어야 했는데 말이야.
조금은 숨겨볼 걸. 미안해.
내가 조금 덜 이기적이거나 조금 덜 솔직했으면
좋았을 텐데.

아마도 진작에 너와 내 사이의 신호등은
깜빡 거리는 초록 불이었을 거라 생각해.
더 이상 오지 말라고, 멈춰야 한다고.
너는 그렇게도 깜빡임으로 내게 신호를 보냈지만
마음만 다급한 나는
그저 네게 뛰어가기 급급했고
결국 빨간 불은 켜지고야 말았지.

후회는 없어. 신호등이 없는 너였어도
나는 결국엔 무단횡단을 하지 않았을까 싶다.

날개를 꺾어 당신의 입에 걸어주고
난 바닥을 기어 다녔어요.

그렇게 당신과 내 사이의 침묵은
또 다른 소음이었죠
우린 동시에 불을 켰지만
각자 가진 초의 길이가 달랐죠

하루 종일 당신만 떠올리다 보니 더 보고 싶네요.

이런 내 맘 아는지 오늘따라 비까지 내리고
이러다가 내 마음에 홍수 나겠어요

오늘 밤 당신이 보고 싶다 못해 아프도록 그리워요.

너에게선 항상 비누 향기가 났어.

너와 있을 때면
그 향기에 취해 기분이 거품처럼
몽글몽글 피어 올랐지.

어떤 특정한 냄새에 대한 기억을
누군가에게 내어 준다는 건
해서는 안 되는 일이었나 봐.

덕분에 손을 씻을 때마다 나는 네가 떠올라.
너는 나에게 너무나도
미끄러운 존재라서,
아직도 나는 너의 기억 속에서 자주 넘어져.

조용한 내 하루에 다가 온 너의 한마디.

이렇게나 크게 자리 잡을 줄 몰랐어.

딱딱하고 부스럼뿐 이었던
내 하루에 네가 끼어들더니

내 하루가 전부 다 망가져버렸어.

차갑고, 손에 닿으면 시려서,
지켜볼 수 밖에 없었던 우리의 이별이
조용히 내렸다.

남 모르게 흐르는 내 눈물도,
갈 곳 없이 흘렀던 내 마음도,
마저 이루지 못한 우리의 꿈들도,
아쉬움만 쌓이는 지금 이 순간도.

부끄러운 줄 모르고 한심하게 우는 나는
네가 없는 이 겨울이 무섭다.

네가 없는 이 겨울, 그게 뭐라고.

지나온 길을 이렇게 하염없이,
정신 없이 쳐다보다
입을 틀어막고 눈을 감는다.

그리고
이제 네가 없이도 걸어 갈 준비를 시작하려 한다.

추억 속에서 당신을 떠올렸을 때
우리가 함께 했던 추억조차 떠올리기 힘들만큼
우린 함께한 추억이 별로 없었기 때문에,

당신은 아직도 나에게 아픈 존재다.

너를 묻으려 하면 흘러 넘치는
그런 우리 추억을
끝이 보이지 않는 이 빗 속에 담는 건
오늘도 무리였나 보다.

속 안에서 끓어 오르는 불길을 대신해
비는 더욱 쏟아지고.

바람은 부끄러움을 많이 탄대.

그래서 한 곳에 오래 머물지 못하고
스쳐 지나가는 거라 했어.

내 전부였던
너도 바람이었나봐.

보고싶다.

무슨 말로 너를 형용할까 생각하다
수 많은 고심끝에도
나는 아무런 답을 찾지 못하였다.

세상의 그 어떤 말로 너를
표현하겠냐만

너를 표현할 수 있는 단어는
세상의 모든 아름다움을 모아도
표현할 수 없기에
그냥 나는 너의 이름만을 불러본다.

세상에
너만큼 아름다움을 가진 사람은 없으니,
그저 나는 너의 이름을 다시 부를 뿐이다.

나는 너를 쉽게 보내지 못한다.

나에게 너는 가볍지 않아서,
너는 나에게 쉬운 존재가 아니라서,
너를 향한 마음은 언제나 무거웠기에
더욱 나는 너를 쉽게 보내지 못한다.

아아, 우리는 쉬웠던가,
아니면 너에게 나는 쉬웠던가.

생이 끝나기 전에
하고 싶은 것들의 목록을
버킷리스트라 하더라.

나에게 있어서 버킷리스트는
내가 눈을 감았을 때
가장 먼저 후회할 것들 일 테니
난 너를 적을게.

너의 손을 잡지 못하고
너와 노래를 듣지 못하며
너와 입을 맞추지 못하고
너를 내 두 눈에 담지 못하는
내일이 오면
나는 오늘 무슨 일이 있어도
너를 적을게.

시작이었던 너로 적는 게
내 마지막 소원이 되길 바라며
너를 적을게.

의도치 않게 너를 삼켰다.

그건 아주 짧은 순간에 일어난 일이었고,
나를 가장 환하게 웃게 만들었던
너는 이젠 나를 슬프게 만든다.

나는 이미 목에 넘어가버린
그 독 한 스푼을 뱉어낼 수가 없었다.

혼자 외치고, 혼자 되 묻고.
구부러진 내 마음에 마침표 찍는 것 마저
나의 몫이 되었다.

너의 이름에 스며든 내 마음과
그 사이에 숨겨둔 나의 사랑.
그리고 아직 털어내지 못한 미련까지.

안타까움이 나의 세상 곳곳에 있다.

그 어떤 핑계를 대볼까 고민을 한 나를
너는 알고 있을 까.

그때의 절박한 내 심정.

네게 손 끝이라도 닿고 싶은 마음에
아무렇지 않은 척.

나는 초연함을 빌려 태연함을 가면으로
나를 덮어가며 네게 어려운 한 걸음을 뗐다.

너를 사랑해.

이렇게 차 올라서 입 밖으로 넘치는 마음을
어떻게 꾹 눌러 담으라는 말이야.

사랑이라는 단어에 책임지고 싶을 정도로
너를 사랑하고 생각했다.

그렇게 너를 떠 올린 수 많은 순간들.
그때마다 느껴지는 알 수 없는 나의 마음.

그 중심에는
내가 사랑이라 말할 수 있는 것들이 숨겨져 있었고,

아직도 너는 내게 이토록 애틋해

소복소복 쌓인 눈 위로
자국이 미처 사라지지 않은 발자국들을
따라 밟아본다.

그 자국 위에 서서 한참 동안
지난 시간을 떠올려 보았다.

'아 이토록 추운 계절인데 네가 있어 따뜻했구나'
발자국들은 끝이 없을 줄 알았는데
끝은 보였고,
나는 새로운 얼굴로 이 곳에 섰다.

마주치지 않았으면 하는 길 위에서
낯설면서도 낯 익은 공기로 숨을 쉰다.

네 옆에 있을 때도
나는 혼자인 느낌에 몸서리치곤 했다.

아무 색도 없이 비어져있는
사랑한다는 말을 들을 때마다
나는 행복은 커녕 외로움이 짙어져갔고,
무색의 덧칠이 잦아져 짙어진 외로움은
무색해진 것도 모른 채
끊임없이 채색을 시도했다.

진작에 찢겨진 우리의 화폭 위에.

오늘처럼 비가 쏟아지는 날
너를 흘려보내리라 다짐했어.
그때는 이 빗속에 너 하나쯤 섞여 보내는 일이
너를 내보내는 가장 쉬운 방법이라 생각했거든,

무슨일인지 나는 오늘도 너를 떠올렸어.
우산 끝에 맺히고 내 어깨에 떨어지고
발끝에 체는 이 빗방울들.
분명 보낸줄 알았던 것들이
비 오는 날이면 그날처럼 내 곁을 맴돌아서
나는 여전이 널 떠올려.

비를 피해 나 혼자 있어도
바짓단을 타고 젖어드는 그리움,
창문을 타고 내리는 추억들에게
나는 한번 더 무너지고 말아.

너를 빗 속에 보낼 했지만
오히려 빗방울 마다 담아두었나 봐.

그래서 나는 오늘처럼 비가 오는 날에는
온통 네가 흘러내려.

아, 너무 많이 돌려봤나.
테이프가 점점 늘어지고 있다.

수 없이 누른 내 손가락으로 인해
되감기와 재생 버튼의 글씨는
이제 점점 희미해져 가고,
나는 계속 똑같은 장면을 멍하니 보며
눅눅해진 팝콘을 무의식적으로
입 속에 넣고 있다.

처음 너에게 사로 잡혀 눈을 뗄 수 없던
내 시선들은 이젠 화면 밖으로 흩어져간다.

고개가 빠지도록 태양만 바라보던 해바라기가
어느 순간 시들 듯,
나 역시 이제 시들어져 가는 건가.

아마도
내 손으로 전원 버튼을 누를 순 없을 거다.

다만 나는 지쳐 잠들고, 다음 날 일어났을 땐
비디오는 끝나있겠지.

흔히들
사랑은 초콜릿이라 하던데
내가 먹은 이 초콜릿은 너무 쓰다.

이렇게 아플 줄은 몰랐어.

그렇게 입안에 남은 초콜릿은
삼키지도 뱉지도 못하고.

책상에 엎드려 아이처럼 울고 또 울었어.

고개를 돌리면
언제, 어디서든 내가 있었기에 너는 참 쉬웠지?

네 시선을 따라 바쁜 발걸음 옮기느라
내 마음은 퉁퉁 불어 터져버렸는데.

이미 물 먹은 우리 사이임에도,
너는 내 마음에서 내려 올 줄 모르고

나는 내 마음에서 널 내려놓을 줄 모른다,

오늘도 달이 떴습니다.
매일 수도 없이 떠오르는 당신과 다르게
하루에 한번 뜨는 이 달이,
당신을 대신하는 것 같아
나는 쓰리도록 반갑습니다..

달이 떠오를 때, 당신도 같이 떠오르도록
당신을 하루에 한번만 떠올리려해요.

당신을 사랑할 때는 당신을 사랑했으니
이제는 당신을 예전처럼 사랑하지 않아도
달을 사랑하니,
당신을 사랑하는 방법마저도 달처럼 하려 합니다.

다른 모양이겠지만 여전히 사랑하는 당신을
나는 달을 사랑하는 것처럼 하려 합니다.

은하수가 흐르던 그날 밤,
하늘 아래에는 너와 내가 있었어.

호수에 비친 은하수는
우리의 평행세계를 보여주는 듯 했지

하늘과 땅 모두 별 빛 물결이 흘렀거든.

물결 따라 손을 맞 잡고 걷던 그날 밤이,
나는 아직도 잊혀지지 않아.

아마 평행세계에선 그럴 수 있지 않을까?

다시 한번 너와 내가 함께 걷는 일 말이야.

달님,
안녕히 지내셨나요?

어떤 사람들은 자신이 사랑하는 사람의 안녕을
당신에게 기원하더라구요.

그도 분명,
잘 지내고 있겠지요?

내가 꺾는 모든 모퉁이마다
내가 돌아본 모든 곳에,
내가 사랑한 모든 곳에는,
전부 네가 있었는데

그 곳에 시간이 더해지자
이제는 네가 기억이 나질 않는다.

당신과 내 사이에 마침표가 찍힐 줄 몰랐어요.

항상 나의 어두에는 당신이 자리 잡았지만,
당신의 문장에는
내가 없어도 되는 존재였나봐요.

그 사실을 몰랐기에
우리는 끝맺음을 할 수밖에 없을까요?
당신에게 의문문을 던지지만,
나에게 돌아오는 건 답변이 아니라
또 다른 의문문이 왔네요.

왜 그런 의문을 던지냐는 당신의 의문은
내가 생각하는 당신과 다른,
또 다른 당신을 보기에 충분했고.

내가 마지막으로 마무리 지을 수 있는
확신을 주기에 충분했어요.

펜을 들고 우리의 마지막 일기를 써내려 간다.

비록, 마침표를 찍어야 하는 일기지만
그래도 너에 대한 예의를 지키고 싶은 마음에
나는 그 어느 때보다도 무거운 펜을 집어 든다.

이 생에서 끝낼 수 밖에 없는 운명이며,
다음 생에도 우리가 이루어질 수 없다면,
이런 생의 굴레에서 쳇바퀴 돈다면,
우리 꼭 다음 생에는 만나지 말자.

서로의 상처를 덮어줄 만큼
우리의 사랑은 크지 않았나보다.

우리는 혼자 피어 있는 이 꽃을 찾고서
뭐가 그렇게 좋아 폴짝거렸는지.

지금 와 보면 그냥 혼자 피어 있던 꽃인데,
쓸쓸히 그 자리를 지키던 꽃이었는데,

우리 참 사랑했나 보다.

내가 너에게 바라는 것이 많았나보다.

사소한 거 하나마저 포기해 가는 나를 보면서
별것도 아니라고 쉽게 지나치는 널 보면서
감정의 연장 선 위에
더는 위태롭게 서 있기 싫었다.

그다지도 어렵지 않은 것이 너에게는 어려웠구나.
최소한의 예의마저
나에게는 지켜주기 어려웠구나.

우리 중 누군가는 자초했던,
그래서 끝맺음에 도달할 수 밖에 없었던,

우리의 이야기는
오늘부로 끝이 났다.

우리의 톱니바퀴는 이가 맞춰지지 않은 채로
굴러가다 이가 부서져 더 이상 돌지 않는다.
아니,
이제 우리는 그 톱니를 돌릴 생각을 하지 않는다.

그래도 나는 아직 그 곳에 있다.
나를 떠난 너를 원망하지 않으며
부서진 이를 신경쓰지 않으련다.

아직 나는 나의 부서진 이와 동력을 기다리며
그 자리에 머무른 채로 또 하루를 보낸다.

한 걸음 물러나 우리를 지켜봤다.
그러자 눈 앞에 보이지 않던 것들이 보였다.

생각보다 나는 너에게 아까웠고,
더는 너에게 매달릴 이유가 없었다.

나를 사랑해 줄 사람은 꽤 많았고
네가 곁에 있던 없던
나는 여전히 사랑스럽다.

가을이 짧아지니
이제는 널 그리워할 시간도 짧아진다.
가을에 널 보낸 게 다행이었음을
아프게 알았다.

우리의 관계는
빙빙 돌아가는 것이었다.

같은 추억을 중심으로
너와 나의 구심력이 달라
부디 마주치는 일 없는
태양계를 만들자.

안녕, 오랜만이야.
퇴근하고 돌아가는 길, 잘 지내냐는 너의 연락에
그 시간 속의 우리가 생각나서 적어봐.

서로 눈을 마주치는 것도 부끄러워
고개를 숙이던 그 봄이 지나간 지 한참이 되었네.
몇 해를 거듭해 이렇게 차가운 바람을 맞아.
그때는 이렇게 혼자 중얼거리는 것이 아니라
너와 주고 받는 문자에 타야 할 버스가
지나가는지 모르고 핸드폰만 쳐다보고 있었는데,

우리가 함께 빚던 관계가 깨졌다 다시 붙었을 때,
그때의 나는 혼자 상처를 받기 싫은 마음에
주는 만큼 받아야 한다고 생각했어.
나는 네게 100을 주는데 너는 내게 70을 주는
것 같을 땐 나도 70만큼만 내어주면 공평할까
해서 한 걸음 물러 70을 주려 했지.

그러다 언제부터인지
너와 있을 땐 눈가에 자꾸 졸음이 맺히곤 했어.
눈꺼풀에 추를 단 날이면 하품이 떨어지기도 했지.
아무렇지 않게 말을 이어가는 너를 보며
보란 듯 더 큰 하품을 뱉어내는 날이 잦아졌고,
이젠 더 이상 궁금하지도 않은 너의 얘기를 듣는
것에 대한 지루함이었을까, 의무적으로 만나는
우리 사이의 지침이었을까.

그렇게 내가 네게 이별을 꺼냈을 때, 너는 갑자기
왜 그러냐며 문제 없지 않냐 했지. 갑자기가 아니었어.
아, 물론 네 잘못도 아니야.

그저 그 팽팽한 줄다리기에서
나는 100, 너는 70의 힘을 썼을 뿐이었지.
한 번 깨졌다가 다시 붙인 우리가 다시 깨져버릴까
전전긍긍하며 나는 모든 걸 쏟아 부었고,
너는 조금 아꼈을 뿐이야.
단지 내가 먼저 지쳐 손을 놓아버렸을 뿐,
그 밖에 더 있나.

알 수 없는 졸음은 나날이 쌓여갔고,
우리는 하품의 방해로 떨어져버리는
윗입술과 아랫입술마냥 그리 이별해버렸어.
허공만을 가로지르는 네 눈빛과 말에
나는 더 입을 벌려 울음을 뱉어냈나 봐.
잦아지는 하품 탓에 우리의 입술은 그렇게 떨어졌나.

아, 지금 생각해보니 그때 눈가에 맺히던 졸음은 슬픔이고,
떨어지던 하품은 눈물이었나 봐.

그대에게 드려요

'부모님'께 드려요.

세상에서 제일 멋진 우리 아빠 안녕.

나는 사실 대학에 입학한 후 난 이제 어른이 됐다고 생각했는데, 아니더라고. 여전히 큰 결정을 내릴 때나 문제가 생길 때마다 엄마나 아빠 한테 의지했어.

그런데 여행을 가면 시작부터 모든 순간순간이 선택을 해야 했고, 나는 뭔가 평소랑 다르게 좀 더 용기 있고 결단력 있는 사람이었어.
그 많은 일들을 겪으면서 결국엔 내가 누군지 계속 발견하게 되더라. 그게 좋았어.

늘 그렇듯 여행을 마치고 집에 올 때면 불확실한 미래에 한 걱정은 줄어들고 삶을 즐길 수 있다는 자신감은 커지고 내 마음은 쑥쑥 자랐어.

있잖아 아빠.
아직 일어나지도 않을 일에 한 불필요한 걱정을 내려놓았더니 내 삶이 되게 편해. 인생 뭐 있나 싶기도 해. 하고 싶은 것 하면서 그저 행복하면, 그걸로 된 거 아닌가?

나이가 들어갈수록 얻는 거랑 잃는 거에 한 계산이 늘어가고, 눈에 보이지 않는 미래에 한 두려움이 커져서 결국 내 것을 잃지 않는 쪽을 택하는 거 같아.

아빠 그래도 괜찮은 나이라는 게 있을까?
분수에서 뛰노는 것처럼 내가 하던 일을 관두고 여행을 떠나면 '괜찮지 않은 나이'가 아니라, '좀 더 잃을게 많은 나이'일 뿐이라 생각해. 나는 그래도 괜찮아. 좋아.
있지, 나는 당장 내 눈앞에 당연히 있던 것들을 잃는 대신 잠깐이라도 행복한 내가 더 좋아.

어릴 때는 무언가가 되고 싶었어. 그런데 지금 나는 그저 하루를 살아가기에 급급할 따름이야. 때로는 내가 뭘 하는지, 매일 매일 같은 날을 보내고 의미 없는 일상을 보내면서 그냥 살아간다는 느낌이 들고는 해. 그런데 이렇게 인생을 보내기엔 내 인생이 너무 아깝더라고.

그러니까 결론은, 나는 그 순간 내가 하고 싶은 거 하고, 먹고 싶은 거 먹고, 그러면서 늘 행복하고 싶어. 그래서 누가 나한테 어떤 사람이 되고 싶은지 물어본다면 행복한 사람이 되고 싶다고 말하고 싶어.
그 답을 하는 순간마저도 행복해서 보는 사람들마저 행복해지게 만드는 그런 에너지를 가진 사람이 되고 싶어.

아빠 항상 고마워.

엄마. 나는 지금 이태리에 와 있어.
예전엔 엄마가 데려가는 곳만 다녔었는데 말이야.

한편으로는 친구들하고 만나면 항상 몇 시간씩 카페에서 수다 떠는 일을 엄마랑은 한 적이 없다는 생각이 스쳤어.

내가 어릴 때 엄마는 늘 그랬었어. 엄마는 내게 신발이 잘 맞는지, 발가락이 접히지는 않는지, 뛰어다녀도 발 뒤꿈치가 까지진 않을지, 신고 벗기 편할지를 확인했어. 엄마처럼 또각 소리가 나는 구두를 사고 싶어 떼를 쓰고 울어봤지만 엄마는 내 발이 편한지 관심 있었지. 발 볼이 넓은 나 때문에 우리한테 신발가게는 전쟁터였던 거 같아.

The Child's Bath.
엄마가 아이의 발을 씻겨주는 그림인데 우연히 보게 됐어. 그림을 보는 것 만으로도 엄마가 아이를 사랑하는 게 느껴지더라. 엄마도 내 발을 소중하게 돌봐줬었는데. 이걸 보고 있으니 엄마 생각이 났어.

엄마 있지. 매년 한번씩 찾아오는 심한 감기가 딱 지금 걸린 감기 같아.
제 작년 이였나? 엄마가 그랬었지. 나는 아프면 안방 와서 잔다고. 지금 생각해보니 맞는 거 같다. 그리고 엄마는 내가 안방가면 항상 나한테 "아픈 거 엄마 다 주고 얼른 나아" 라며 어느새 엄마보다도 훌쩍 커져버린 나를 안고 잤지. 그렇게 엄마 품에 안겨서 자고 나면 정말로 엄마가 아픈 걸 다 가져간 건지 하룻밤 사이에 몸이 한결 나아졌어.

밤이 깊어 새벽이 와도 엄마가 없는 곳에서 아프니까 마음도 같이 아픈 거 같아. 엄마 생각하니까 눈물이 쏟아질 것 같다. 23살이 되어도 여전히 반찬투정하고, 엄마 놀리는 게 제일 재미 있는 철부지 딸이지만 그런 나한테 엄마로써 살아준 시간들 참 고마워. 늘 그 자리에 있어줘요.

나는 여전히, 그리고 앞으로도 엄마가 필요해요.

엄마의 사랑에 비해 턱 없이 보잘것 없고 작은 마음이지만,
사랑해요. 엄마

'김 채린'에게 드려요.

누군가 그랬어.
사람 일은 한 치 앞도 모르는 거라고.
모든 것이 완벽할 거라는, 어쩌면 조금 거만한
생각으로 나는 대학 생활을 시작했어.

이제와 돌이켜보면 모든 것들은
결코 완벽하지 않았고 나는 그 모든 것들보다도
더 완벽하지 못했지.

그렇게 시작의 언저리 즈음,
그리고 아름답고 멋졌던
몇 년이라는 대학에서의 순간은
눈 깜짝할 사이에 사라졌고.

이제는 돌이킬 수 없는 그 순간을 뒤로한 채로,
내 옆에는 '좋은 사람'과 '좋은 마음'이 남았어.
'좋은 사람'중에는 네가 크게 자리 잡고 있어.

우리는 그렇게 4년을 함께 보냈지.
함께 지내는 동안
많은 것을 잃었을 수도 또 얻었을 수도 있겠지만
서로에게 좋은 친구라는 것만은 의심치 않아.

내가 항상 말하는데,
나랑 친구해 주느라
수고가 많아.

'박 소라'에게 드려요.

나는 지금 당장, 이 순간이 가장 중요해.
사람과의 관계에서도 마찬가지야.

여행지에서 말을 걸고 싶은 사람이 있다면,
지금 당장 말을 걸어야 직성이 풀려.
언제 다시 만나게 될지,
평생 다시 못 볼 수도 있잖아?

그리고 너.
지금 옆에 있는 네가 언제까지고
항상 내 옆에서 함께 있게 될지 모르잖아.
그래서 나는 너와 함께할 때
한번이라도 더 마음을 쓰고, 진실 되려고 노력해.
물론 너는 못 믿고 비웃겠지.

그런 네가 요즘엔 고민이 참 많은 것 같아.
내가 하는 말이 정답은 아니야.
당연히 다른 누구의 말도 정답은 없어.

그렇기 때문에 다른 사람들과 달라도 괜찮고,
좀 늦어도 괜찮아.
우리의 때는 따로 있어

No hay problema

'박 영준'에게 드려요.

우리에게 늘 달콤하기만 한 순간이 있을까.

많이 웃고, 많이 행복한 하루를 보내겠지만,
그 하루들 사이에 눈물도,
화도 숨어 있지 않을 까.

사소한 것들에
울고 웃는 우리가 매일 사탕처럼
달콤한 하루를 보내지는 않을 거야.
괜스레 짜증도 나고,
가끔은 큰소리로 화도 내고,
속상한 마음을 안은 채 지나가는 날도 있을 거야.

있지.
그래도 삼켰으면 좋겠어.
뱉지 말고 마음 속으로 삼켰으면 좋겠어.

어른들 말이 몸에 좋은 건 쓰다잖아.
가끔은 쓴 일도 도움이 될 거라 믿어.
많은 날들을 살아 갈 우리가
아픔, 슬픔을 이겨낼 수 있는 힘 같은 거 말이야.

그러니까 네가 삼키게 될 쓴 일들도,
언제나 네가 보낼 행복한 날들도, 모두
우리가 성장하며 겪는 성장통이라
생각했으면 좋겠다.

'이 다희'에게 드려요.

'흔들리지 않고 피는 꽃이 어디 있냐'라고 하지.
그러나 우리는 알고 있어.
흔들리지 않고 피는 꽃이 있다는 것을.
세상 참 불공평해.

"너만 힘든 거 아니야."
"다른 사람들도 마찬가지야."
이런 말 대신에,

"정말 잘 해내고 있어."
"네가 맞은 모진 비바람과 매서운 태풍들은
너의 잘못으로 인해서가 아니라는 걸
내가 알아줄게"라고 해주고 싶어.

주변의 시선에 쉽게 흔들리지 않고,
너만의 가치관을 가지고 꿋꿋이 살아가는
너는 곧 있으면 꽃 봉우리가 생기고,
열매를 맺을 거야.

그럼 나는
'"봉우리를 틔어주어서 고마워"라며
따뜻한 말 한마디를 주고 싶어.

오늘 밤 수업이 끝난 뒤, 집에 돌아갈 때에는
살랑살랑 불어오는 바람이
수고했다며 너의 등을 토닥여줄거야.

'정 이경'에게 드려요.

공통점이 참 많은 우리.

그 중에 최고는 게으름인 거 같아.

그런데 있지, 생각해보니까
게으름이란 게
어떤 기준을 정하냐에 따라서
좋은 거 같기도 하고, 나쁜 거 같기도 하더라.

좋게 생각해보면, 게으름을 피우며 살면,
그 속에서 생기는 일들이 신선하게 다가올 수도,
그리고
무언가를 배울 수 있는 기회가 될 수도 있잖아?

살면서 겪게 되는 모든 것들을
배움의 기회로 생각한다면,
게으른 것도 나쁘지 않지 않아?

모든 일에 웃고,
상대방의 부탁을 거절하지 못하고,
항상 긍정적인 모습이지만

그래도 아닌 것은 아니 것이고,
잘못된 것은 잘못된 것이라고
당당히 말하는 똑순이가 되길 바래.

'Jayden'에게 드려요.

기억나? 공원에서 흙 장난을 했던 날.

내가 다 커서 무슨 흙 장난이냐 했을 때,
너는 나에게 "why not" 한 마디와 함께 말했지.
"흙 가지고 노는 게 어때서?
나는 아직도 그네를 타고 미끄럼 타는 게
여전히 재미있어."라고.

세상이 규정지은 어른들이 상상도 못하는 엉뚱한
질문을 하는 소녀로 남고 싶다는 말을 했었지만,
막상 행동으로 옮기기엔 무서웠어.

그런 나에게 너는
이 순간을 즐기는 게
훨씬 어른스러운 거라 말했지.

네 말이 맞는 거 같아.
우리 마음 속에 지닌 동심을 잃지 말자
인형을 사는 내 모습이 행복해 보일 수도 있고,
실뜨기를 하며 즐거워 보일 수도 있고,
장난감을 가지고 상상의 나래를 펼칠 수 있게.

얼마나 멋져
꺄르르르 웃으면서 하고 싶은 일을 하는 모습이.

우리는 정말이지 멋진 감성을 지닌 소년, 소녀야.

'Mari'에게 드려요.

한 낮에 떠 있는 태양은 눈이 부셔서
오랫동안 보지 못해.
그런데 반대로
해질녘은 오랜 시간 해를 마주할 수 있고,
그리고 자꾸 생각나.
나는 누군가에게 있어서
내가 그런 사람이었으면 좋겠다는 생각을 해.
화려하진 않지만,
내 옆에 오래 두고 보고 싶은 사람.

이 세상에 반짝이는 것들 중에서
너는 반짝하는 사람보다는
반짝반짝 하는 사람이 되었으면 좋겠다는
얘기를 했었지.

그런데 이제는 반짝이는 사람보다는
맑고 투명한 사람이 되었으면 좋겠어.
정말 맑아 빠져들고 싶은 사람이 됐으면 좋겠다
.
밑에서 바라보게 만드는 사람보다
옆에서 같이 마주 볼 수 있는 사람이 되길 바래.

앞으로도 지금보다 힘든 일이 있을 수 있겠지만,
잊지마.
너 되게 멋있는 사람이라는 거

'Pedro'에게 드려요.

한 잔, 두 잔 먹고 서로의 얘기를 하다
"뭐 어떻게든 되겠지" 라고 얘기했을 때,
너는 그게 뭐냐며 웃었지.

근데 이 말이 무책임한 말처럼 들리겠지만,
어떤 일이 생겼을 때,
비록 그게 나쁜 방향으로 흘러가도,
불안해 하지 않고, 이겨낼 줄 아는
나만의 주문이야.

어떻게든 반드시 될 거고,
그렇게 만들어 낼 거니까.
나를 믿고 무너지지 않는 거지

나한테 있어서 '어떻게든 되겠지' 라는 말은
아무것도 하지 않겠다는 뜻이 아니라,
주변의 우려와 걱정에 쉽게 휩쓸리지 않겠다는
나를 위한 최면이야.

네 앞에 펼쳐진 길이 평탄한 길이 아니더라도,
끊어진 길이 아니라는 걸 꼭 기억하고

그렇게
네 손에서 피어난 꽃은
지지 않는 꽃이었음 좋겠다.

'Vrixen'에게 드려요.

문득
우리가 좀 더 일찍 만났으면 어땠을까
싶기도 해요.
그랬다면 우리는 좀 덜 다투고,
더 오래 좋아했을지도 모른다는 생각과 함께.

아무 조건 없이, 그 자체의 당신을 좋아했어요

사랑하고 또 사랑하는 당신,
먼 훗날,
다음 생에 우리가 만나는 날이
많이 추웠으면 좋겠어요.
추운 날씨야말로
우리의 그림자를 겹치기에 딱 좋은 날이니까요.

당신이 너무 보고 싶은 마음에
제 마음을 편지에 태워 보내요.

아, 답장은 보내지 않아도 좋아요.
당신이 와주는 게 가장 좋을 것 같아요.

작가의 말

삶의 한 가운데에 서 있어요.
아니, 어쩌면 삼분의 일 지점일지도, 사분의 일 지점일지도 모르겠어요. 어쩌면 이미 끝에 도달했을지도 모르겠네요.

삶의 간격은 자의 눈금처럼 일정한데, 가끔은 1cm가 1m처럼 느껴지는 순간이 있어서 나는 간혹 과호흡을 일으키곤 해요.

어릴 때는 키가 1cm씩 자랄 때면 칭찬을 받았는데, 이젠 키가 다 자라고 나니 1cm씩 걸어나갈 때마다 나는 혼이 나곤 해요. 제가 서툰 건가요.

끝인 줄 알았던 지점은 사실은 출발점이어서 아찔해진 머리와 턱까지 차오르는 호흡을 다시 가다듬어요. 출발을 알리는 총소리가 귓가를 스치면, 나는 어릴 적 태엽 인형처럼 다시 출발을 할 테지요.

우리가 바라는 '삶'이란 그저 '행복'이라는 것 같아요.

정해진 틀에 얽매이지 않고, 꿈꾸는 것을 포기하지 않고, 도전하는 것을 두려워하지 않는 것.
이것을 당연히 여기는 것이 웃음이 저절로 나오는 '행복한 삶'이지 않을까. 하는 생각을 해요.

좋은 친구를 만나, 좋은 학교를 다니고, 좋은 직업을 갖고, 그렇게 해서 좋은 배우자와 결혼해 좋은 노후를 보내야 하고.
이 모든 '좋은'은 우리가 만들어 놓은 틀이에요. 남들에게 '좋아 보이는', '남들이 좋다고 하는' 틀.
좋아 보이기에, 누군가 좋다고 하기에 그대로 하는 것이 아니라 '내가 좋아하는, 내가 원하는, 내가 행복한' 삶의 주체가 되어 틀에 박히지 않은 삶을 살고 싶어요.

내가 좋아하는 사람들을 만나, 원하는 공부를 하고, 좋아하는 일을 하고, 진정 사랑하는 사람과 결혼을 해 행복한 가정을 꾸려 노후를 보내는 일.

정해진 어느 '시기'에 맞춰 빠듯하게 살지 않고, 우리 스스로가 정하는 '때'에 진짜 하고 싶은 일을 하며 삶을 살 수 있기를 바래요.

삶에 대한 깊은 걱정 없이,
사람에 대한 곪은 상처 없이.
늘 웃을 수 만은 없겠지만,
그래도 매일 웃으며 살았으면 좋겠어요.
진짜로 행복하게요.